школа - skola	2
путешествие - vjaġġar	5
транспорт - trasport	8
город - belt	10
ландшафт - pajsaġġ	14
ресторан - ristorant	17
супермаркет - supermarkit	20
напитки - xorb	22
еда - ikel	23
ферма - razzett	27
дом - dar	31
гостиная - kamra tal-ikel	33
кухня - kċina	35
ванная комната - kamra tal-banju	38
детская комната - kamra tat-tfal	42
одежда - ħwejjeġ	44
офис - uffiċċju	49
экономика - ekonomija	51
профессии - xogħolijiet	53
инструменты - għodda	56
музыкальные инструменты - strumenti mużikali	57
зоопарк - żoo	59
спорт - sports	62
действия - attivitajiet	63
семья - familja	67
тело - ġisem	68
больница - sptar	72
неотложный случай - emerġenza	76
земля - dinja	77
часы - arloġġ	79
неделя - ġimgħa	80
год - sena	81
формы - forom	83
цвета - kuluri	84
противоположности - opposti	85
цифры - numri	88
языки - lingwi	90
кто / что / как - min / xiex / kif	91
где - fejn	92

Impressum
Verlag: BABADADA GmbH, Nedderfeld 112 , 22529 Hamburg
Geschäftsführer / Verlagsleitung: Harald Hof
Druck: Books on Demand GmbH, In de Tarpen 42, 22848 Norderstedt

Imprint
Publisher: BABADADA GmbH, Nedderfeld 112 , 22529 Hamburg, Germany
Managing Director / Publishing direction: Harald Hof
Print: Books on Demand GmbH, In de Tarpen 42, 22848 Norderstedt, Germany

школа
skola

делить / aqsam

доска / bord

классная комната / klassi

школьный двор / bitha tal-iskola

учитель / għalliem

бумага / karta

ручка / pinna

письменный стол / skrivanija

линейка / riga

книга / ktieb

писать / kiteb

ученик / student

ранец
basket tal-iskola

пенал
kaxxa tal-lapsijiet

карандаш
lapes

точилка
temprin għal-lapes

ластик
gomma

альбом для рисования
pad tat-tpinġija

школа - skola

рисунок
tpinġija

кисточка
pinzell

коробка красок
kaxxa taż-żebgħa

ножницы
mqass

клей
kolla

тетрадь
pitazz

домашняя работа
xogħol tad-dar

цифра
numru

прибавлять
għodd

вычитать
naqqas

умножать
mmultiplika

считать
kkalkula

буква
ittra

алфавит
alfabett

слово
kelma

школа - skola

текст
test

читать
qara

мел
ġibs

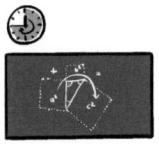
урок
lezzjoni

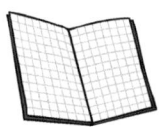
классный журнал
reġistru

экзамен
eżami

диплом
ċertifikat

школьная форма
uniformi tal-iskola

образование
edukazzjoni

энциклопедия
enċiklopedija

университет
università

микроскоп
mikroskopju

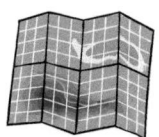
карта
mappa

корзина для бумаг
reċipjent għar-rimi tal-karti

школа - skola

путешествие
vjaġġar

гостиница
lukanda

турбаза
ħostel

пункт обмена валюты
ufficcju tal-kambju

чемодан
bagalja

автомобиль
karozza

язык
lingwa

да / нет
iva / le

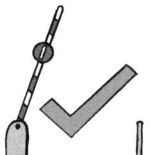

хорошо
okay

Привет
hello

переводчик
traduttur

Спасибо
Grazzi

путешествие - vjaġġar

Сколько стоит...?
kemm jiswa ....?

Я не понимаю
Mhux nifhem

проблема
problema

Добрый вечер!
Il-lejl it-tajjeb

Доброе утро!
Bonġu

Доброй ночи!
Il-lejl it-tajjeb

До свидания
ċaw

направление
direzzjoni

багаж
bagalji

сумка
basket

рюкзак
backpack

гость
mistieden

комната
kamra

спальный мешок
sleeping bag

палатка
tinda

путешествие - vjaġġar

туристическая информация
uffiċċju ta' informazzjoni għat-turisti

пляж
xtajta

кредитная карточка
karta tal-kreditu

завтрак
kolazzjon

обед
pranzu

ужин
ċena

билет
biljett

лифт
lift

почтовая марка
bolla

граница
transkonfinali

таможня
dwana

посольство
ambaxxata

виза
viża

паспорт
passaport

транспорт
trasport

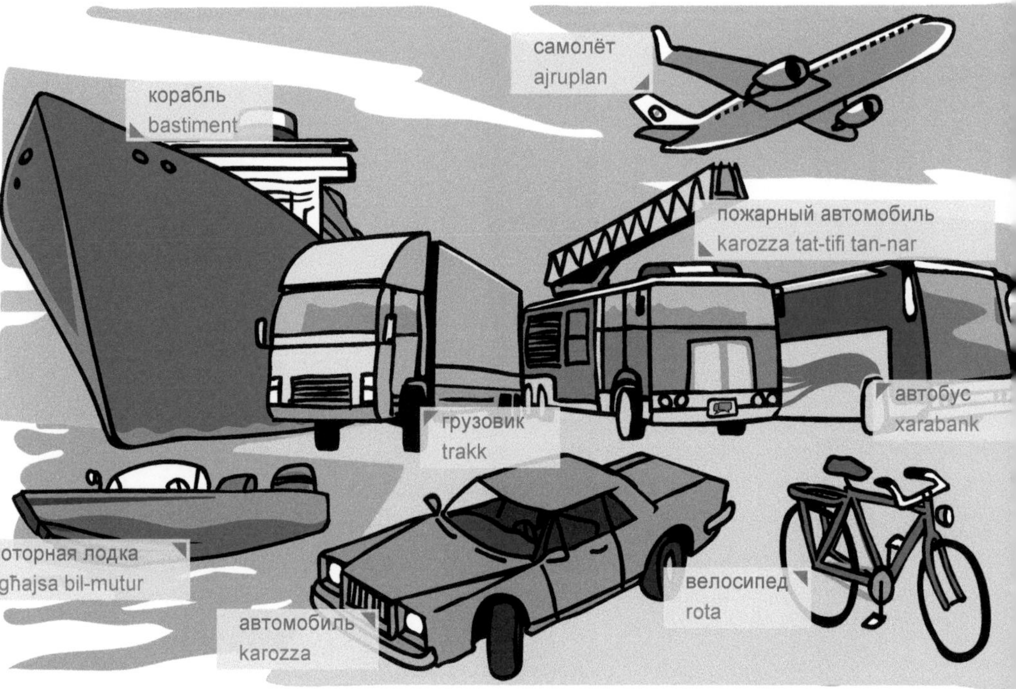

самолёт
ajruplan

корабль
bastiment

пожарный автомобиль
karozza tat-tifi tan-nar

автобус
xarabank

грузовик
trakk

моторная лодка
dgħajsa bil-mutur

велосипед
rota

автомобиль
karozza

паром
lanċa

лодка
dgħajsa

мотоцикл
mutur

полицейский автомобиль
karozza tal-pulizija

гоночный автомобиль
karozza tat-tlielaq

арендованный автомобиль
karozza tal-kiri

транспорт - trasport

совместное пользование автомобилями
kondiviżjoni tal-karozzi

буксировочный автомобиль
trakk tal-irmonk

мусоровоз
trakk tal-ġbir tal-iskart

двигатель
mutur

топливо
fjuwil

заправка
pompa tal-petrol

дорожный знак
sinjal tat-traffiku

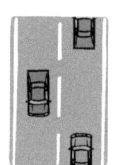
движение
traffiku

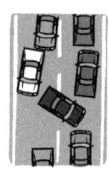
пробка
konġestjoni tat-traffiku

автостоянка
parkeġġ

вокзал
stazzjoni tal-ferrovija

рельсы
linji ferrovjarji

поезд
ferrovija

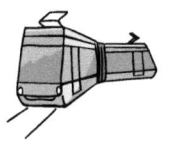
трамвай
tramm

вагон
vagun

транспорт - trasport

вертолёт
ħelikopter

аэропорт
ajruport

вышка
torri

пассажир
passiġġier

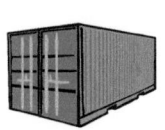

контейнер
kontejner

коробка
kartuna

тележка
karretta

корзина
qoffa

взлетать / приземляться
tluq / inżul

город
belt

деревня
villaġġ

центр города
ċentru tal-belt

дом
dar

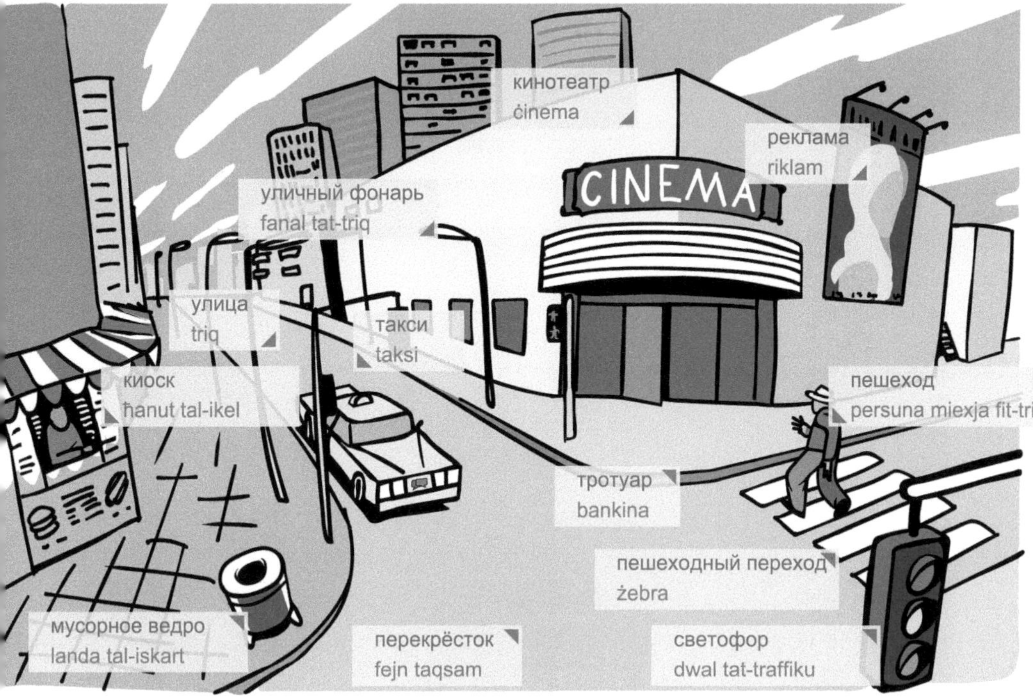

кинотеатр
ċinema

реклама
riklam

уличный фонарь
fanal tat-triq

улица
triq

такси
taksi

киоск
ħanut tal-ikel

пешеход
persuna miexja fit-triq

тротуар
bankina

пешеходный переход
żebra

мусорное ведро
landa tal-iskart

перекрёсток
fejn taqsam

светофор
dwal tat-traffiku

хижина

għarix

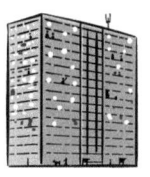

квартира

flett

вокзал

stazzjoni tal-ferrovija

ратуша

kunsill lokali

музей

mużew

школа

skola

город - belt

университет

università

банк

bank

больница

sptar

гостиница

lukanda

аптека

spiżerija

офис

uffiċċju

книжный магазин

ħanut tal-kotba

магазин

ħanut

цветочный магазин

ħanut tal-fjuri

супермаркет

supermarkit

рынок

suq

универмаг

kumpless tax-xiri

торговец рыбой

ħanut tal-ħut

торговый центр

ċentru tax-xiri

порт

port

парк
park

скамейка
bank

мост
pont

лестница
taraġ

метро
trasport taħt l-art

тоннель
mina

автобусная остановка
ost ta' waqfien għal tal-linja

бар
bar

ресторан
ristorant

почтовый ящик
kaxxa postali

табличка с названием улицы
sinjal tat-triq

паркометр
miter tal-parkeġġ

зоопарк
żoo

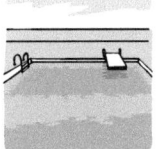

бассейн
pixxina

мечеть
moskea

город - belt

ферма
razzett

загрязнение окружающей среды
tniġġis

кладбище
ċimiterju

церковь
knisja

детская площадка
bitħa

храм
tempju

ландшафт
pajsaġġ

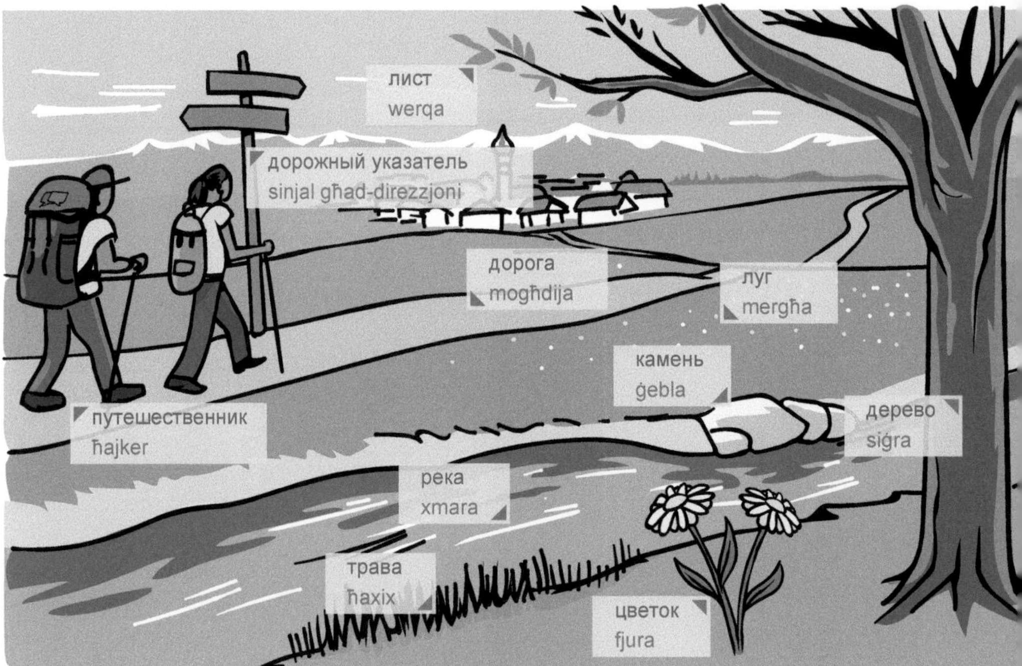

лист — werqa
дорожный указатель — sinjal għad-direzzjoni
дорога — mogħdija
луг — mergħa
камень — ġebla
дерево — siġra
путешественник — ħajker
река — xmara
трава — ħaxix
цветок — fjura

долина
wied

гора
għolja

озеро
lag

лес
foresta

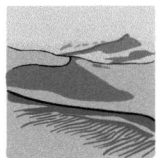

пустыня
deżert

вулкан
vulkan

замок
kastell

радуга
qawsalla

гриб
faqqiegħ

пальма
siġra tal-palm

комар
nemusa

муха
dubbiena

муравей
nemla

пчела
naħla

паук
brimba

ландшафт - pajsaġġ

жук
ħanfusa

лягушка
żrinġ

белка
skwiril

еж
qanfud

заяц
liebru

сова
kokka

птица
għasfur

лебедь
ċinju

кабан
ħanżir

олень
ċerv

лось
ċerv Amerikan

плотина
diga

ветряной генератор
turbina tar-riħ

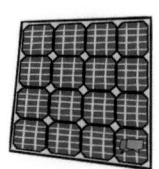

солнечная батарея
pannell solari

климат
klima

ландшафт - pajsaġġ

ресторан
ristorant

закуска
starter

главное блюдо
platt prinċipali

десерт
deżerta

напитки
xorb

еда
ikel

бутылка
flixkun

фастфуд
fast food

уличная еда
streetfood

чайник
tettiera

сахарница
kaxxa għaz-zokkor

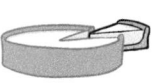

порция
porzjon

кофеварка
magna tal-espresso

детский стульчик
high chair

счет
kont

поднос
trej

нож
sikkina

вилка
furketta

ложка
mgħarfa

чайная ложка
kuċċarina

салфетка
sarvetta

стакан
tazza

ресторан - ristorant

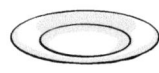

тарелка
platt

суповая тарелка
platt għas-soppa

блюдце
plattina

соус
zalza

солонка
salt shaker

мельница для перца
mitħna tal-bżar

уксус
ħall

масло
żejt

специи
ħwawar

кетчуп
ketchup

горчица
mustarda

майонез
majoneż

ресторан - ristorant

супермаркет

supermarkit

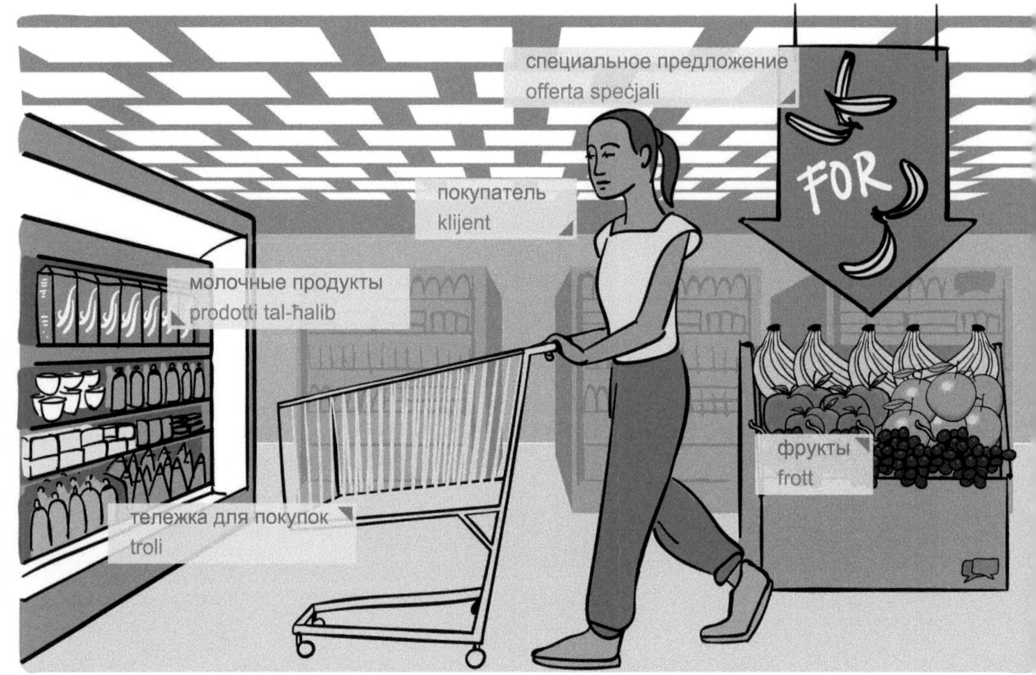

специальное предложение
offerta speċjali
FOR
покупатель
klijent
молочные продукты
prodotti tal-ħalib
фрукты
frott
тележка для покупок
troli

BUTCHERS

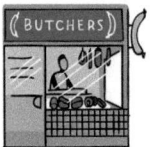

мясной магазин

tal-laħam

BAKERY

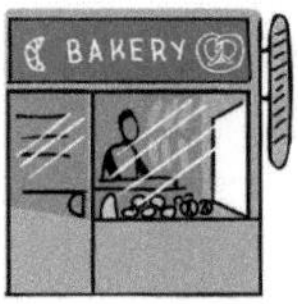

пекарня

tal-ħobż

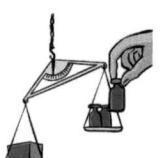

взвешивать

wiżen

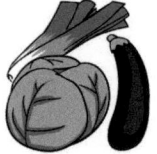

овощи

ħaxix

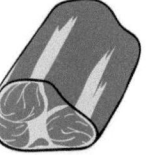

мясо

laħam

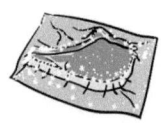

быстрозамороженные продукты

ikel iffriżat

нарезка
laħam kiesaħ

консервы
ikel tal-landa

стиральный порошок
trab tal-ħasil

сладости
ħelu

предмет домашнего обихода
prodotti tad-dar

моющее средство
prodotti tat-tindif

продавщица
salesgirl

касса
cash register

кассир
kaxxier

список покупок
lista tax-xiri

время работы
ħinijiet tal-ftuħ

бумажник
kartiera

кредитная карточка
karta tal-kreditu

сумка
basket

полиэтиленовый пакет
borża tal-plastik

супермаркет - supermarkit

напитки
xorb

вода
ilma

сок
ġjus

молоко
ħalib

кока-кола
coca

вино
nbid

пиво
birra

алкоголь
alkoħol

какао
kawkaw

чай
te

кофе
kafè

эспрессо
espresso

капучино
cappuccino

еда
ikel

банан
banana

яблоко
tuffieħa

апельсин
laringa

арбуз
dulliegħa

лимон
lumija

морковь
karrotta

чеснок
tewm

бамбук
bambù

лук
basla

гриб
faqqiegħ

орехи
ġewż

лапша
noodles

спагетти	рис	салат
spagetti	ross	insalata

картофель фри	жареный картофель	пицца
ċips	patata moqlija	pizza

гамбургер	сэндвич	шницель
ħamberger	sandwiċ	kutuletta

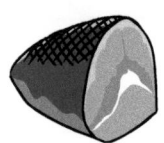

ветчина	салями	колбаса
perżut	salami	zalzett

курица	жаркое	рыба
tiġieġa	imsajjar fil-forn	ħut

еда - ikel

овсяные хлопья

ħafur tal-poriġ

мюсли

muesli

кукурузные хлопья

cornflakes

мука

dqiq

круассан

croissant

булочка

bezzun

хлеб

ħobż

тост

towst

печенье

gallettini

масло

butir

творог

baqta

пирог

kejk

яйцо

bajda

яичница

bajda moqlija

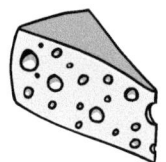

сыр

ġobon

еда - ikel

мороженое
ġelat

сахар
zokkor

мёд
għasel

мармелад
ġamm

крем с нугой
krema tal-qubbajt

карри
kari

еда - ikel

ферма
razzett

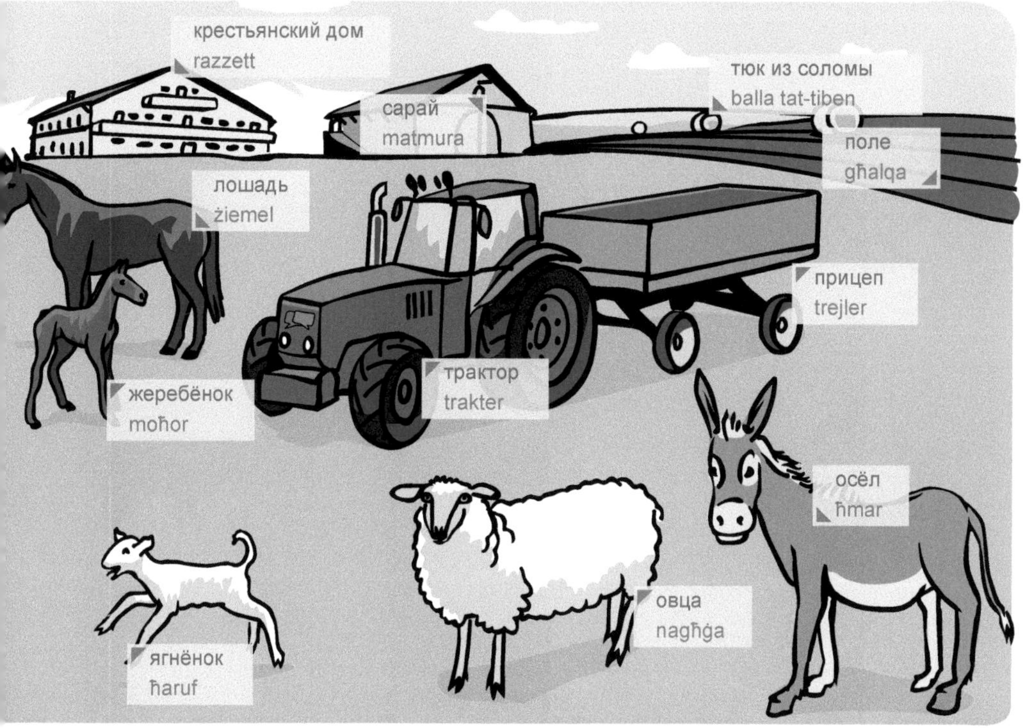

крестьянский дом
razzett

сарай
matmura

тюк из соломы
balla tat-tiben

лошадь
żiemel

поле
għalqa

прицеп
trejler

жеребёнок
moħor

трактор
trakter

осёл
ħmar

ягнёнок
ħaruf

овца
nagħġa

коза
mogħża

корова
baqra

телёнок
għoġol

свинья
ħanżir

поросёнок
qażquż

бык
barri

ферма - razzett

гусь
wiżż

утка
papra

цыплёнок
fellus

курица
tiġieġa

петух
serduk

крыса
far

кошка
qattus

мышь
ġurdien

вол
gendus

собака
kelb

конура
dar ta' kelb

садовый шланг
pajp tal-ġnien

лейка
bexxiexa

коса
scythe

плуг
moħriet

ферма - razzett

серп

minġel

мотыга

magħżqa

навозные вилы

furkettun

топор

mannara

тачка

karretta

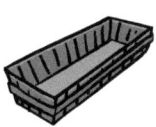

корыто

ħawt

бидон для молока

bott tal-ħalib

мешок

xkora

забор

ċint

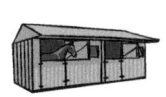

хлев

stalla

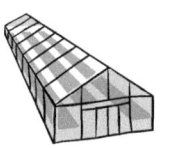

теплица

serra

почва

ħamrija

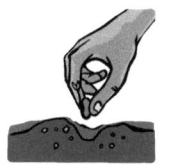

посев

żerriegħa

удобрение

fertilizzant

комбайн

apparat għal ħsad ikkombinat

ферма - razzett

собирать урожай
ħasad

урожай
ħsad

ямс
yams

пшеница
qamħ

соя
sojja

картофель
patata

кукуруза
qamħirrun

рапс
kolza

фруктовое дерево
siġra tal-frott

маниок
manjoka

злаки
ċereali

дом
dar

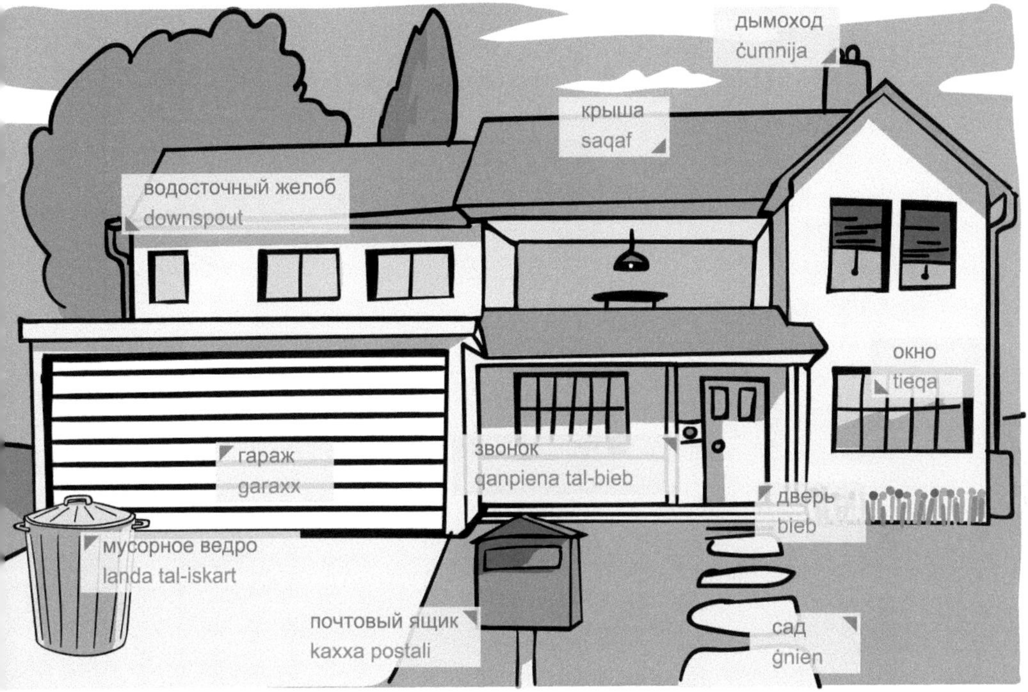

дымоход
ćumnija

крыша
saqaf

водосточный желоб
downspout

окно
tieqa

гараж
garaxx

звонок
qanpiena tal-bieb

дверь
bieb

мусорное ведро
landa tal-iskart

почтовый ящик
kaxxa postali

сад
ġnien

гостиная

kamra tal-ikel

ванная комната

kamra tal-banju

кухня

kċina

спальня

kamra tas-sodda

детская комната

kamra tat-tfal

столовая

kamra tal-pranzu

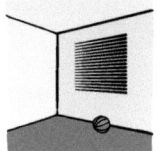
пол
art

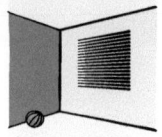
стена
ħajt

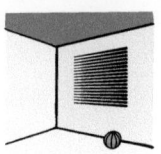
потолок
saqaf

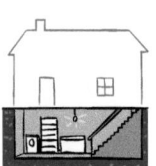
подвал
kantina

сауна
sawna

балкон
gallarija

терраса
terrazzin

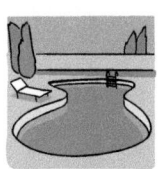
бассейн
pixxina

газонокосилка
lawn mower

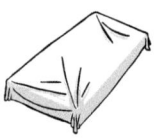
пододеяльник
liżar

покрывало
għata tas-sodda

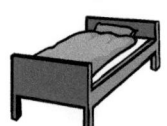
кровать
sodda

метла
xkupa

ведро
barmil

выключатель
swiċċ

гостиная
kamra tal-ikel

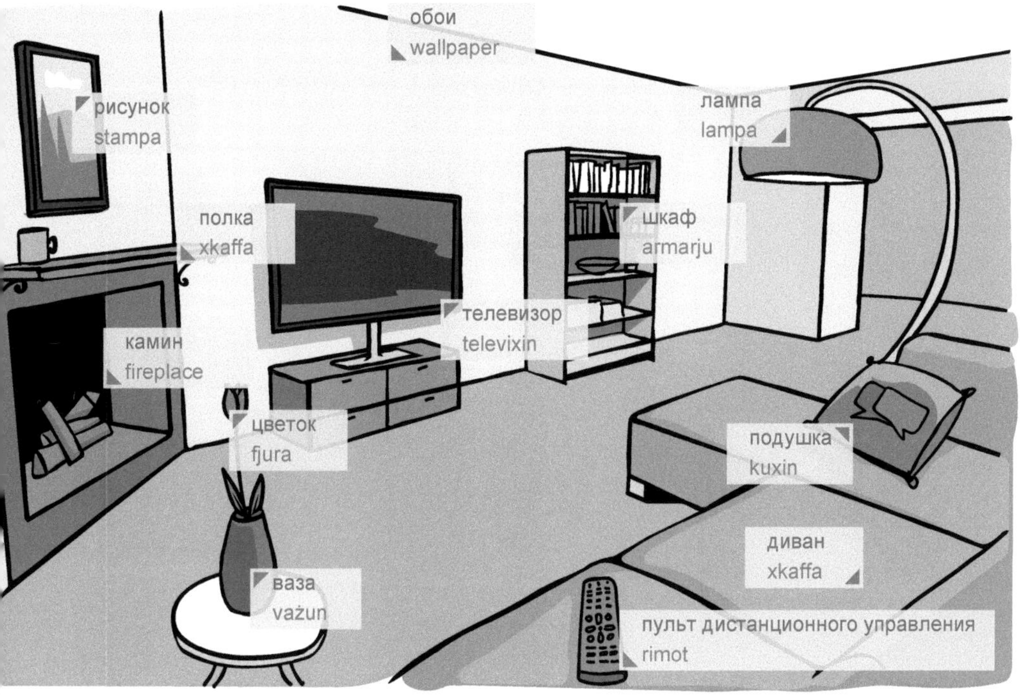

обои / wallpaper
рисунок / stampa
лампа / lampa
полка / xkaffa
шкаф / armarju
камин / fireplace
телевизор / televixin
цветок / fjura
подушка / kuxin
ваза / vażun
диван / xkaffa
пульт дистанционного управления / rimot

ковёр
tapit

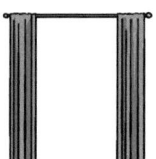

штора
purtiera

стол
mejda

стул
siġġu

кресло-качалка
siġġu li jitbandal

кресло
pultruna

книга ktieb	покрывало kutra	украшение dekorazzjoni

дрова ħatab	фильм film	стереосистема hi-fi

ключ ċavetta	газета gazzetta	картина pittura

плакат poster	радио radju	блокнот notebook

пылесос vacuum cleaner	кактус kaktus	свеча xemgħa

гостиная - kamra tal-ikel

кухня
kċina

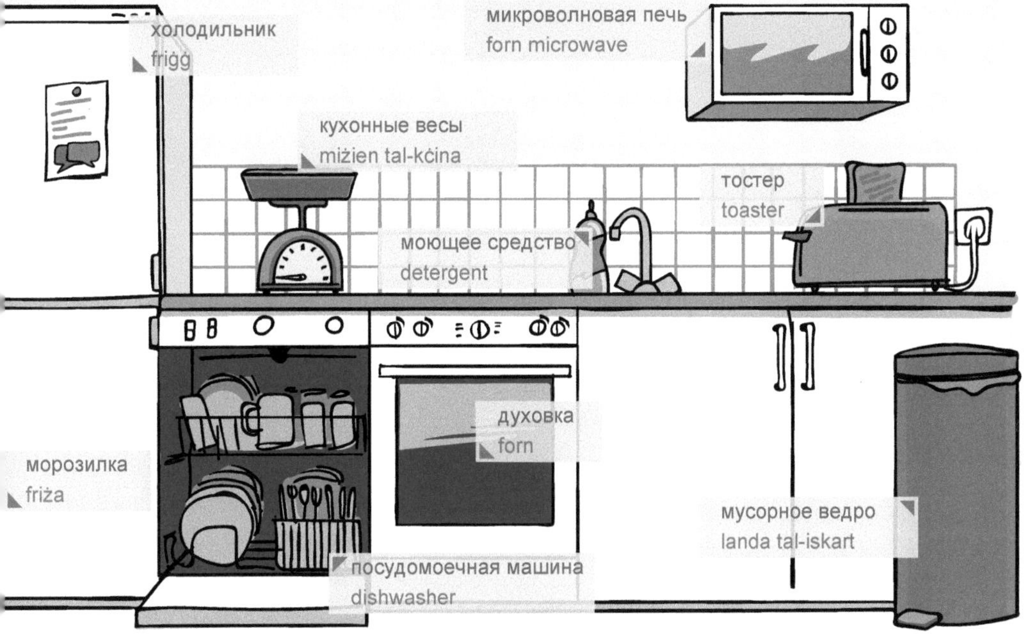

холодильник
frigg

микроволновая печь
forn microwave

кухонные весы
miżien tal-kċina

тостер
toaster

моющее средство
deterġent

духовка
forn

морозилка
friża

мусорное ведро
landa tal-iskart

посудомоечная машина
dishwasher

плита

kuker

кастрюля

borma

чугунный котелок

borma tal-ħadid fondut

вок / кадай

wok / kadai

сковорода

taġen

чайник

kitla

кухня - kċina

пароварка
steamer

противень
trej tal-forn

посуда
fajjenza

кружка
magg

миска
skutella

палочки для еды
chopsticks

половник
kuċċarun

лопатка
spatula

сбивалка
whisk

сито
passatur

сито
għarbiel

тёрка
ħakkieka

ступка
mehrież

гриль
barbecue

костёр
fuklar miftuħ

кухня - kċina

доска
chopping board

скалка
lembuba

штопор
corkscrew

жестяная банка
landa

консервный нож
opener tal-laned

прихватка
biċċa għall-borom

раковина
sink

щетка
xkupilja

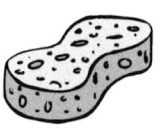
губка
sponża

миксер
blender

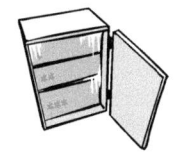
морозильная камера
friża

бутылочка для кормления
flixkun tat-trabi

кран
vit

кухня - kċina

ванная комната
kamra tal-banju

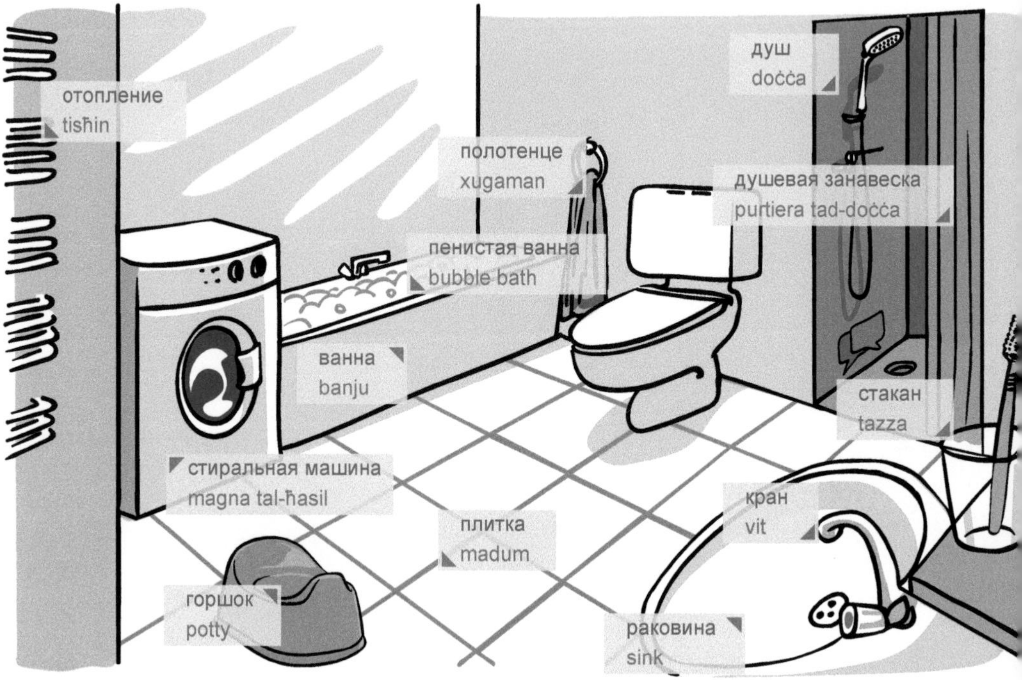

отопление
tisħin

душ
doċċa

полотенце
xugaman

душевая занавеска
purtiera tad-doċċa

пенистая ванна
bubble bath

ванна
banju

стакан
tazza

стиральная машина
magna tal-ħasil

кран
vit

плитка
madum

горшок
potty

раковина
sink

туалет
tojlit

напольный унитаз
squat toilet

биде
bidet

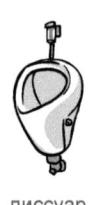

писсуар
urinarju

туалетная бумага
toilet paper

ершик
xkupilja tat-tojlit

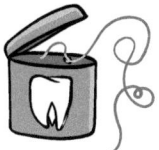

зубная щётка
xkupilja tas-snien

зубная паста
toothpaste

зубная нить
floss dentali

мыть
ħasel

ручной душ
doċċa li tinżamm fl-idejn

интимный душ
doċċa intima

таз
baċin

щётка для спины
xkupilja għad-dahar

мыло
sapun

гель для душа
sapun tad-doċċa

шампунь
xampu

мочалка
flanella

сток
drejn

крем
krema

дезодорант
deodorant

ванная комната - kamra tal-banju

зеркало
mera

ручное зеркало
mera tal-idejn

бритва
xejver

пена для бритья
fowm tal-leħja

лосьон после бритья
aftershave

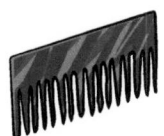

расческа
pettne

щетка
xkupilja

фен
hair-dryer

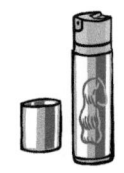

лак для волос
sprej tax-xagħar

косметика
irtokk

губная помада
lipstick

лак для ногтей
vernić tad-dwiefer

вата
tajjar

маникюрные ножницы
mqass tad-dwiefer

духи
fwieħa

ванная комната - kamra tal-banju

косметичка
okit għall-prodotti tal-iġjene personali

табуретка
ippurgar

весы
miżien

халат
bathrobe

резиновые перчатки
ingwanti tal-gomma

тампон
tampon

гигиеническая прокладка
prodott sanitarju

биотуалет
tojlits mobbli

ванная комната - kamra tal-banju

детская комната

kamra tat-tfal

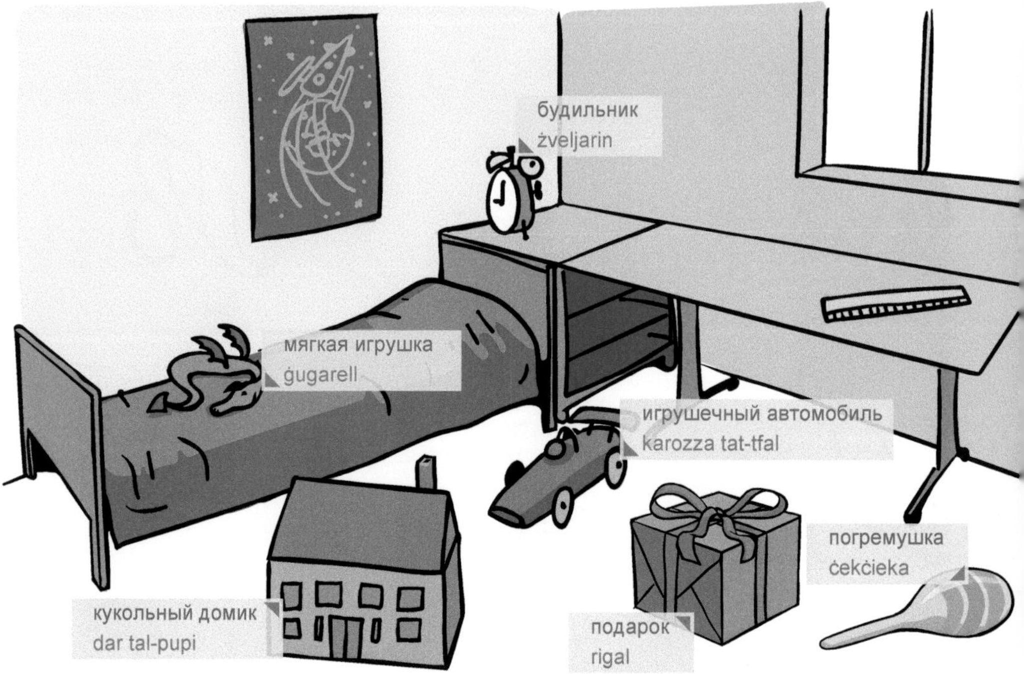

будильник
żveljarin
мягкая игрушка
ġugarell
игрушечный автомобиль
karozza tat-tfal
погремушка
ċekċieka
кукольный домик
dar tal-pupi
подарок
rigal

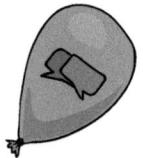

воздушный шар

bużżieqa

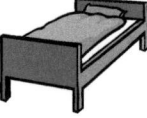

кровать

sodda

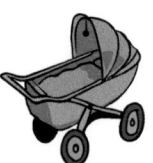

детская коляска

pram

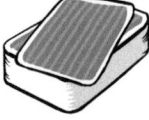

карточная игра

mazz karti

пазл

jigsaw

SUPER
MEGA

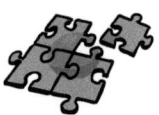

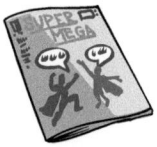

комикс

komik

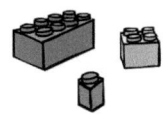

кирпичики Лего

briks tal-lego

кубики

blokks tal-logħob

игрушечная фигурка

pupu

ползунки

babygrow

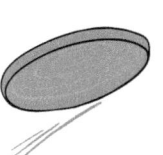

фрисби

frisbee

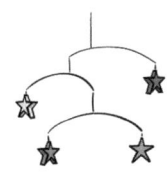

мобиле

mobile

настольная игра

board game

кубик

damma

модель железной дороги

sett ta' ferrovija ġugarell

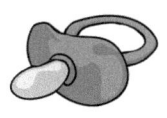

соска

gażaża

вечеринка

parti

книга с картинками

ktieb bl-istampi

мяч

ballun

кукла

pupa

играть

lagħab

детская комната - kamra tat-tfal

песочница
sandpit

качели
bandla

игрушка
ġugarelli

игровая приставка
video game console

трёхколесный велосипед
triċiklu

плюшевый медвежонок
teddy bear

шкаф для одежды
gwardarobba

одежда
ħwejjeġ

носки
peduni

чулки
stockings

колготки
tajts

боди	брюки	джинсы
ġisem	qalziet	jeans

юбка	блузка	рубашка
dublett	blaws	qmis

свитер	свитер	спортивная куртка
pullover	flokk tas-suf	blejżer

жакет	пальто	плащ
ġakketta	kowt	inċirata

костюм	платье	свадебное платье
kostum	libsa	libsa tat-tieġ

мужской костюм

suit

ночная сорочка

libsa tas-sodda

пижама

piġama

сари

sari

платок

hijab

тюрбан

turban

паранджа

burka

кафтан

kaftan

абайя

abaya

купальник

malja

плавки

malja tal-irġiel

шорты

xorts

спортивный костюм

tracksuit

фартук

fardal

перчатки

ingwanti

одежда - ħwejjeġ

пуговица
buttuna

очки
nuċċali

браслет
brazzuletta

цепочка
ġiżirana

кольцо
ċurkett

серьга
misluta

шапка
beritta

вешалка
spalliera għall-kowt

шляпа
kappell

галстук
ingravata

застежка молния
żipp

шлем
elmu

подтяжки
ċineg

школьная форма
uniformi tal-iskola

форма
uniformi

одежда - ħwejjeġ

детский нагрудник
vavalor

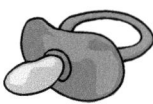
соска
gażaża

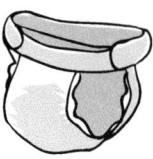
подгузник
ħarqa

офис
uffiċċju

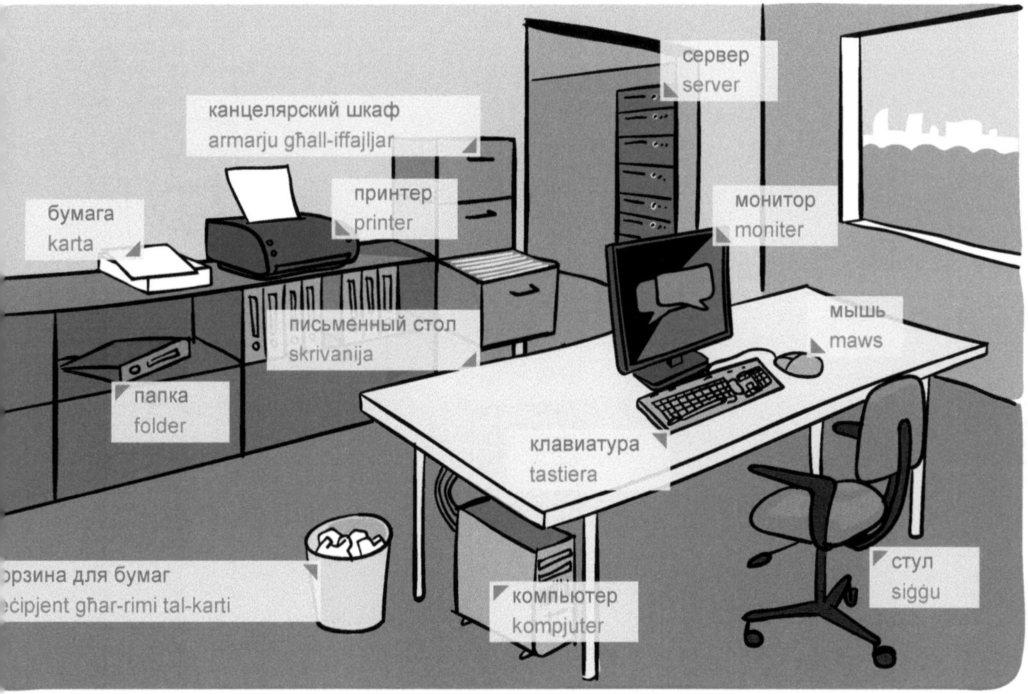

канцелярский шкаф
armarju għall-iffajljar

сервер
server

принтер
printer

монитор
moniter

бумага
karta

мышь
maws

письменный стол
skrivanija

папка
folder

клавиатура
tastiera

корзина для бумаг
reċipjent għar-rimi tal-karti

компьютер
kompjuter

стул
siġġu

кофейная кружка
magg tal-kafè

калькулятор
calculator

интернет
internet

ноутбук
laptop

письмо
ittra

сообщение
messaġġ

мобильный телефон
mowbajl

сеть
network

ксерокс
magna għall-fotokopji

программа
softwer

телефон
telefon

розетка
sokit tal-plagg

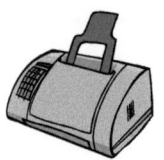

факс
magna tal-fax

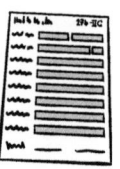

формуляр
forma

документ
dokument

офис - uffiċċju

экономика
ekonomija

покупать
xtara

платить
ħallas

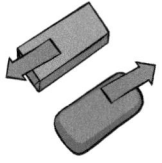
торговать
nnegozja

деньги
flus

доллар
dollaru

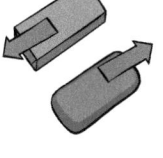
евро
eurp

иена
yen

рубль
rublu

франк
frank Żvizzeru

жэньминьби юань
renminbi Yuan

рупия
rupee

банкомат
fejn tħallas

пункт обмена валюты	золото	серебро
uffiċċju tal-kambju	deheb	fidda

нефть	энергия	цена
żejt	enerġija	prezz
		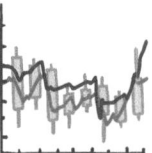
договор	налог	акция
kuntratt	taxxa	stokk

работать	служащий	работодатель
ħadem	impjegat	impjegatur

фабрика	магазин	
fabbrika	ħanut	

экономика - ekonomija

профессии
xogħolijiet

милиционер
uffiċjal tal-pulizija

пожарный
pompier

повар
kok

врач
tabib

пилот
pilota

садовник
ġardinar

столяр
mastrudaxxa

швея
ħajjata

судья
imħallef

химик
spiżjar

актёр
attur

водитель автобуса

xufier tal-linja

таксист

xufier tat-taksi

рыбак

sajjied

уборщица

ħassiela

кровельщик

saqqaf

официант

wejter

охотник

kaċċatur

художник

pittur

пекарь

furnar

электрик

elektrixin

строитель

bennej

инженер

inġinier

мясник

biċċier

сантехник

plamer

почтальон

pustier

солдат
suldat

архитектор
perit

кассир
kaxxier

флорист
bejjiegħ tal-fjuri

парикмахер
parrukkier

кондуктор
kunduttur

механик
mekkanik

капитан
kaptan

зубной врач
dentist

ученый
xjenzat

раввин
rabbi

имам
imam

монах
patri

священник
qassis

профессии - xogħolijiet

инструменты
għodda

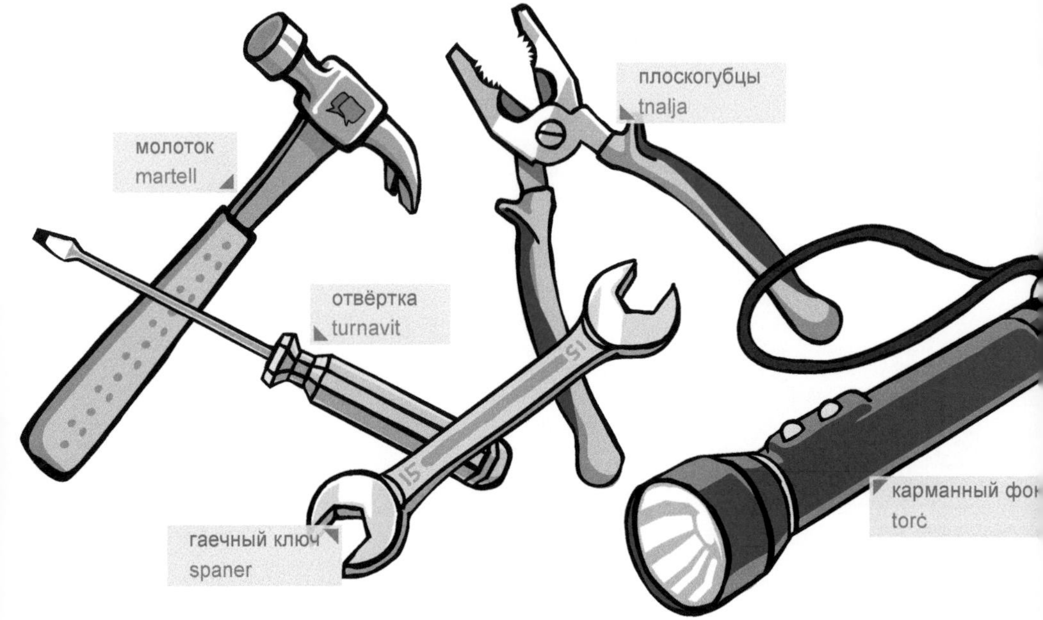

молоток — martell
плоскогубцы — tnalja
отвёртка — turnavit
гаечный ключ — spaner
карманный фон[арь] — torċ

экскаватор

gaffa

ящик для инструментов

kaxxa tal-għodda

стремянка

sellum

пила

serrieq

гвозди

msiemer

дрель

driller

ремонтировать

sewwa

лопата

pala

Блин!

ll-marelli

совок

pala

ведро с краской

landa żebgħa

винты

viti

музыкальные инструменты
strumenti mużikali

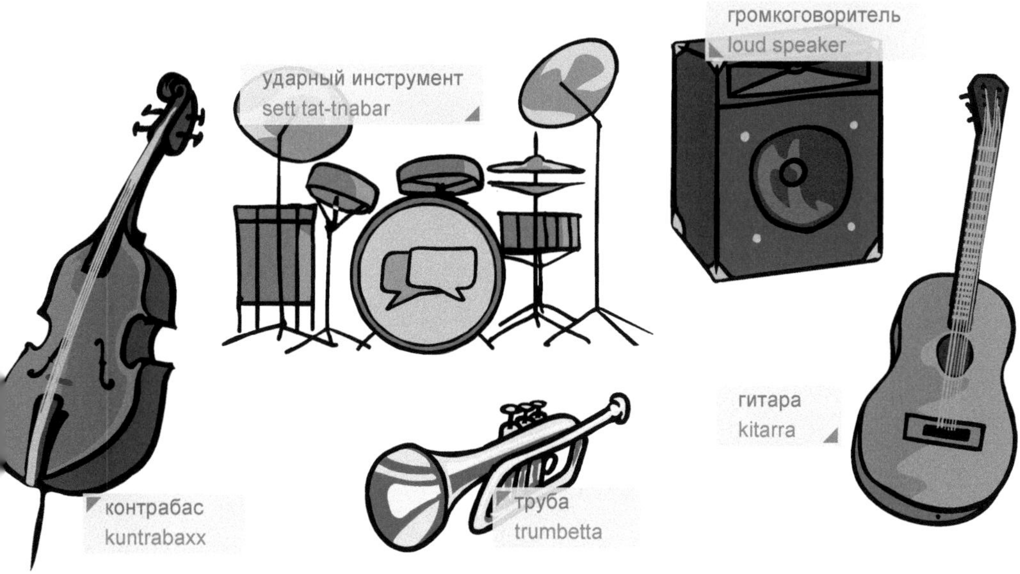

ударный инструмент
sett tat-tnabar

громкоговоритель
loud speaker

гитара
kitarra

контрабас
kuntrabaxx

труба
trumbetta

пианино	скрипка	бас-гитара
pjanu	vjolin	baxx

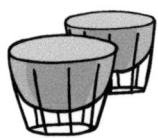

литавры	барабан	синтезатор
timpani	tnabar	keyboard

саксофон	флейта	микрофон
sassofonu	flawt	mikrofonu

музыкальные инструменты - strumenti mużikali

зоопарк
żoo

тигр / tigra
клетка / gaġġa
зебра / żebra
вход / dħul
корм / għalf
панда / panda

животные
annimali

слон
iljunfant

кенгуру
kangaru

носорог
rinoċeronti

горилла
gurilla

медведь
ors

верблюд
ġemel

страус
nagħma

лев
ljun

обезьяна
xadina

фламинго
fjammingu

попугай
pappagall

белый медведь
ors polari

пингвин
pingwin

акула
kelb il-baħar

павлин
pagun

змея
serp

крокодил
kukkudrill

служитель зоопарка
gwardjan taż-żoo

тюлень
foka

ягуар
jaguar

зоопарк - żoo

пони
poni

леопард
leopard

бегемот
ippopotamu

жираф
ġiraffa

орёл
ajkla

кабан
ħanżir

рыба
ħut

черепаха
fekruna

морж
walrus

лиса
volpi

газель
għażżiela

спорт
sports

действия
attivitajiet

прыгать / qabeż
смеяться / daħak
обнимать / għannaq
идти / mexa
петь / kanta
мечтать / ħolom
молиться / talab
целовать / bies

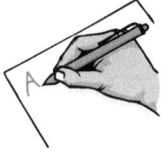

писать
kiteb

рисовать
penġa

показывать
wera

нажимать
mbotta

давать
tar

брать
ħa

иметь
għandu

делать
għamel

быть
kien

стоять
qam bilwieqfa

бежать
ġera

тянуть
ġibed

бросать
rema

падать
waqa'

лежать
mtedd

ждать
stenna

носить
ġarr

сидеть
poġġa

надевать
libes

спать
raqad

просыпаться
qam

действия - attivitajiet

рассматривать
ra

плакать
beka

гладить
melles

причесывать
ippettna

говорить
kellem

понимать
fehem

спрашивать
staqsi

слушать
sema'

пить
xorob

кушать
kiel

наводить порядок
naddaf

любить
ħabb

готовить
sajjar

ехать
saq

летать
tar

действия - attivitajiet

ходить под парусом
baħħar

считать
kkalkula

читать
qara

учиться
tgħallem

работать
ħadem

вступать в брак
iżżewweġ

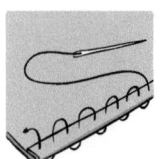
шить
ħiet

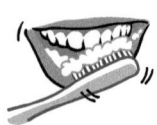
чистить зубы
ħasel snienu

убивать
qatel

курить
pejjep

отправлять
bagħad

действия - attivitajiet

семья
familja

бабушка — nanna
дедушка — nannu
папа — missier
мама — omm
младенец — tarbija
дочь — bint
сын — iben

гость
mistieden

тетя
zija

дядя
ziju

брат
ħu

сестра
oħt

тело
ġisem

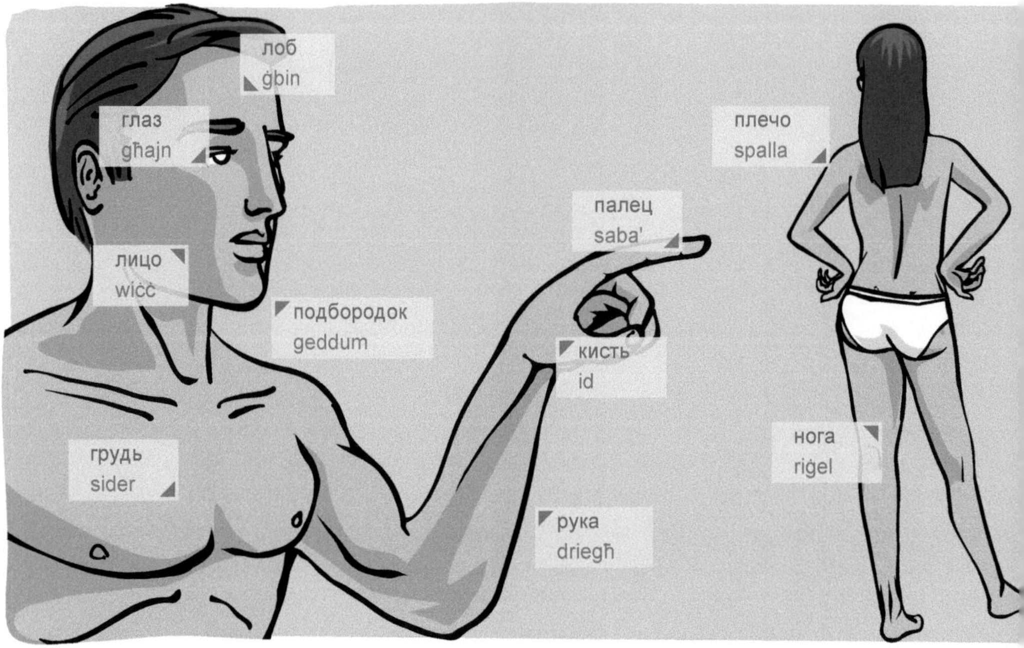

- лоб / ġbin
- глаз / għajn
- лицо / wiċċ
- подбородок / geddum
- грудь / sider
- палец / saba'
- кисть / id
- рука / driegħ
- плечо / spalla
- нога / riġel

младенец
tarbija

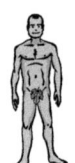

мужчина
raġel

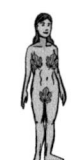

женщина
mara

девочка
tifla

мальчик
tifel

голова
ras

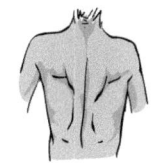

спина

dahar

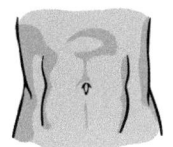

живот

stonku

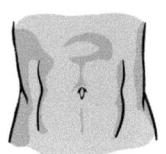

пупок

żokra

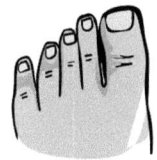

палец ноги

saba' tas-sieq

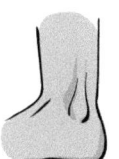

пятка

għarqub

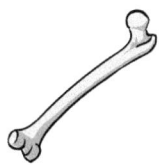

кость

għadam

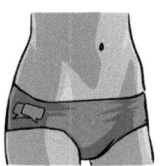

бедро

ġenb

колено

irkoppa

локоть

minkeb

нос

mnieħer

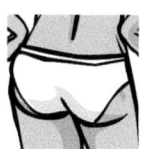

ягодицы

warrani

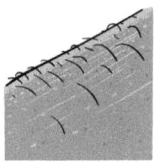

кожа

ġilda

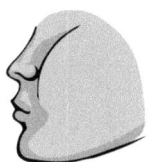

щека

ħadd

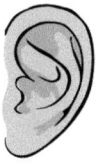

ухо

widna

губа

xoffa

тело - ġisem

рот
ħalq

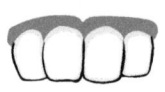

зуб
sinna

язык
lsien

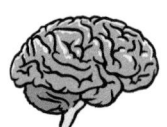

мозг
moħħ

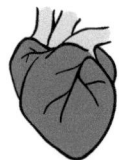

сердце
qalb

мышца
muskolu

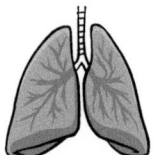

лёгкое
pulmun

печень
fwied

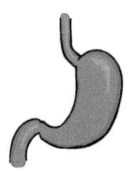

желудок
stonku

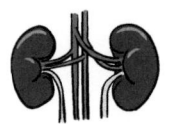

почки
kliewi

половой акт
sess

презерватив
kondom

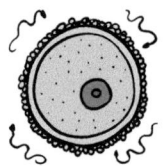

яйцеклетка
ovum

сперма
sperma

беременность
tqala

тело - ġisem

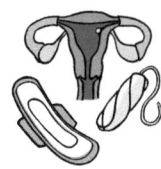

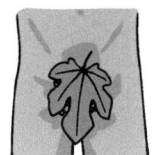

менструация — mestrwazzjoni

вагина — vaġina

пенис — pene

бровь — ħaġeb

волосы — xagħar

шея — għonq

больница
sptar

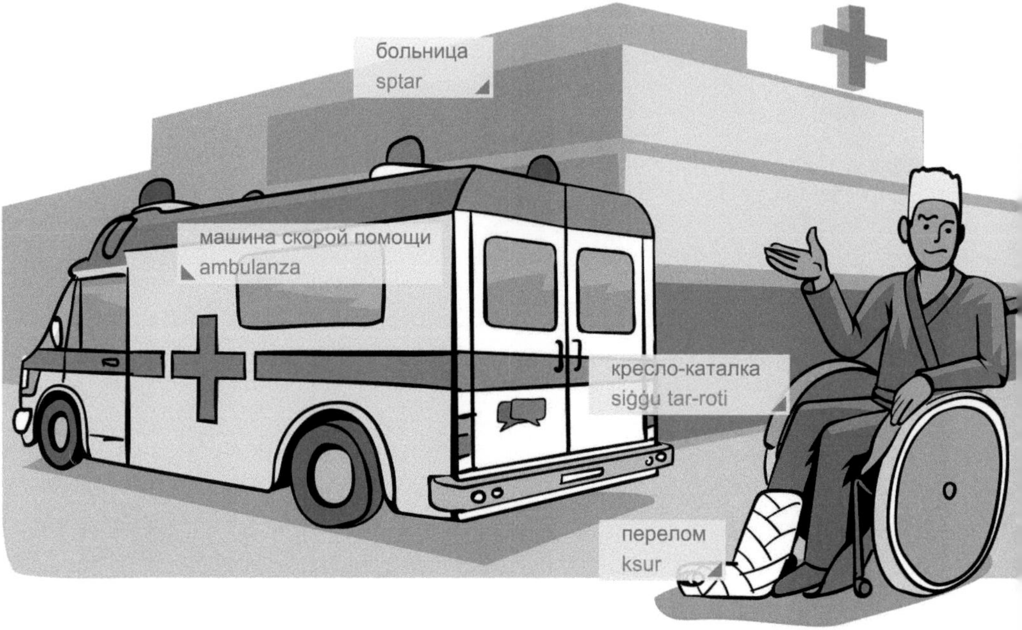

больница
sptar

машина скорой помощи
ambulanza

кресло-каталка
siġġu tar-roti

перелом
ksur

врач
tabib

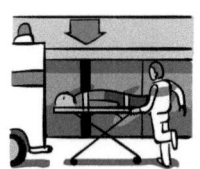

пункт первой помощи
kamra tal-emerġenza

медсестра
infermiera/ners

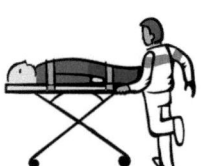

неотложный случай
emerġenza

без сознания
mhux f'sensih

боль
uġigħ

повреждение
korriment

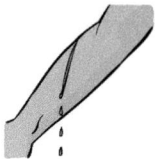
кровотечение
fsada

инфаркт
attakk tal-qalb

инсульт
puplesija

аллергия
allerġija

кашель
sogħla

повышенная температура
deni

грипп
influwenza

понос
dijarea

головная боль
uġigħ ta' ras

рак
kanċer

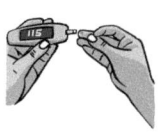
диабет
dijabete

хирург
kirurgu

скальпель
skalpell

операция
operazzjoni

больница - sptar

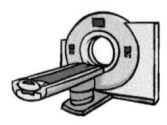
КТ
CT

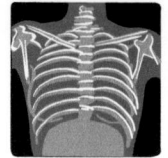
рентген
raġġi x

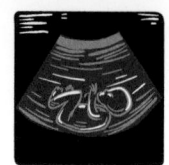
ультразвук
ultrasound

маска
maskra tal-wiċċ

болезнь
marda

приёмная
kamra tal-istennija

костыль
krozza

пластырь
ġibs

бинт
faxxa

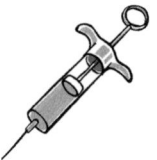
укол
injezzjoni

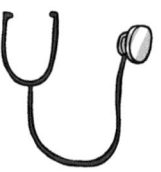
стетоскоп
stetoskopju

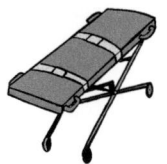
носилки
streċer

термометр
termometru kliniku

рождение
twelid

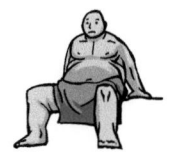
избыточный вес
piż żejjed

больница - sptar

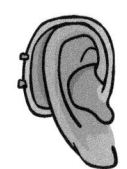
слуховой аппарат
għajnuna għas-smigħ

дезинфекционное средство
diżinfettant

инфекция
infezzjoni

вирус
virus

ВИЧ / СПИД
HIV / AIDS

лекарство
mediċina

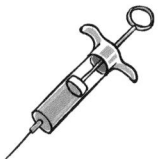
прививка
tilqim

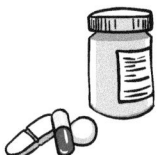
таблетки
pilloli

противозачаточная таблетка
pill

экстренный вызов
sejħa ta' emerġenza

прибор для измерения кровяного давления
monitor tal-pressjoni tad-demm

больной / здоровый
marid / b'saħħtu

неотложный случай
emerġenza

Помогите!
Ajjut

сигнал тревоги
allarm

нападение
assalt

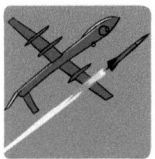

атака
attakk

опасность
periklu

запасной выход
ħruġ ta' emerġenza

Пожар!
Qed jaqbad!

огнетушитель
apparat tat-tifi tan-nar

несчастный случай
aċċident

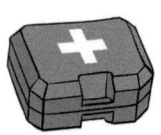

аптечка
kitt tal-ewwel għajnuna

SOS
SOS

милиция
pulizija

земля
dinja

Европа
I-Ewropa

Северная Америка
I-Amerika ta' Fuq

Южная Америка
I-Amerika ta' Isfel

Африка
I-Afrika

Азия
I-Asja

Австралия
I-Awstralja

Атлантический океан
I-Atlantiku

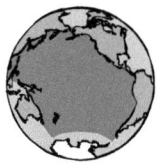
Тихий океан
il-Paċifiku

Индийский океан
I-Oċean Indjan

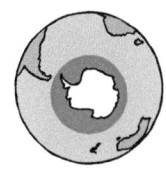
Антарктический океан
I-Oċean Antartiku

Северный Ледовитый океан
I-Oċean Artiku

Северный полюс
Pol tat-Tramuntana

Южный полюс
Pol tan-Nofsinhar

Антарктика
l-Antartika

земля
dinja

суша
art

море
baħar

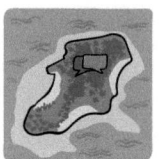

остров
gżira

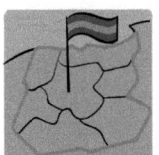

нация
nazzjon

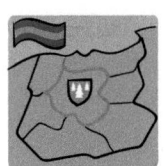

государство
stat

часы
arloġġ

циферблат

wiċċ l-arloġġ

часовая стрелка

sigħatiera

минутная стрелка

minutiera

секундная стрелка

sekondiera

Который час?

X'ħin hu?

день

jum

время

ħin

сейчас

issa

электронные часы

arloġġ diġitali

минута

minuti

час

siegħa

неделя
ġimgħa

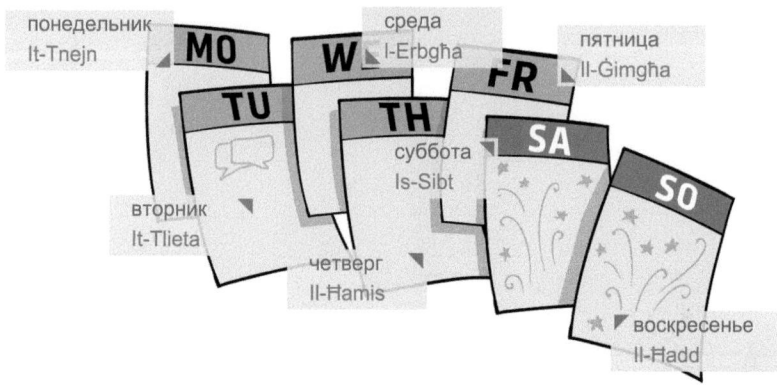

понедельник — It-Tnejn
среда — l-Erbgħa
пятница — Il-Ġimgħa
вторник — It-Tlieta
суббота — Is-Sibt
четверг — Il-Ħamis
воскресенье — Il-Ħadd

вчера
ilbieraħ

сегодня
illum

завтра
għada

утро
filgħodu

полдень
nofsinhar

вечер
filgħaxija

рабочие дни
jiem tax-xogħol

выходные
tmiem il-ġimgħa

год

sena

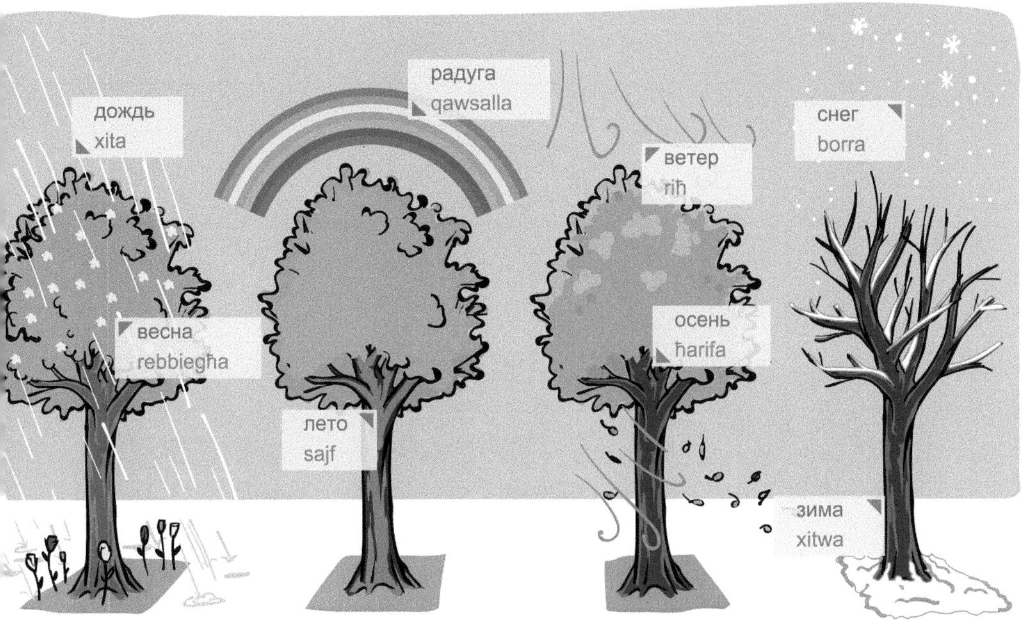

дождь
xita
радуга
qawsalla
ветер
riħ
снег
borra
весна
rebbiegħa
осень
ħarifa
лето
sajf
зима
xitwa

4.APRIL 11°
5.APRIL 4°
6.APRIL 13°
7.APRIL 8°
8.APRIL 10°

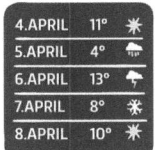

прогноз погоды

tbassir tat-temp

F
C
120
90
60
30
0
-30
40
30
20
10
0
-10
-20

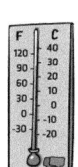

термометр

termometru

солнечный свет

xemx

туча

sħaba

туман

ċpar

влажность воздуха

umdità

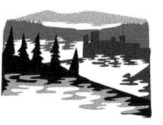

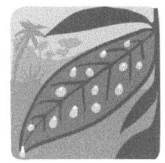

молния
beraq

гром
ragħad

буря
maltempata

град
silġ

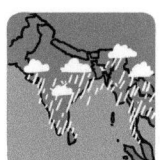
муссон
monsun

наводнение
għargħar

лёд
silġ

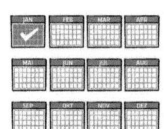
январь
Jannar

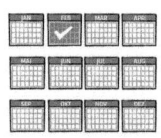
февраль
Frar

март
Marzu

апрель
April

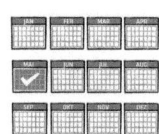
май
Mejju

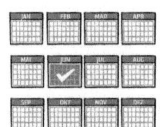
июнь
Ġunju

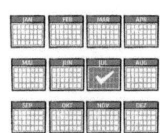
июль
Lulju

август
Awwissu

год - sena

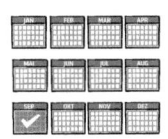

сентябрь

Settembru

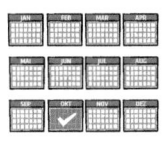

октябрь

Ottubru

ноябрь

Novembru

декабрь

Diċembru

формы
forom

круг

ċirku

квадрат

kwadru

прямоугольник

rettangolu

треугольник

trijanglu

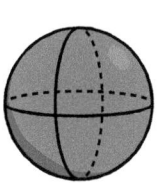

шар

sfera

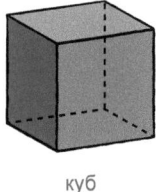

куб

kubu

цвета
kuluri

белый

abjad

желтый

isfar

оранжевый

oranġjo

розовый

roża

красный

aħmar

лиловый

vjola

синий

blu

зелёный

aħdar

коричневый

kannella

серый

griż

черный

iswed

противоположности
opposti

много / мало
ħafna / ftit

яростный / мирный
rrabjat / kalm

красивый / уродливый
sabiħ / ikrah

начало / конец
bidu / tmiem

большой / маленький
kbir / żgħir

светлый / темный
jgħajjat / mudlam

брат / сестра
ħu / oħt

чистый / грязный
nadif / maħmuġ

полный / неполный
komplut / mhux komplut

день / ночь
jum / lejl

мёртвый / живой
mejjet / ħaj

широкий / узкий
wiesa' / dejjaq

съедобный / несъедобный
jittiekel / ma jittikilx

злой / дружелюбный
ħażin / twajjeb

взволнованный / скучающий
eċċitat / imdejjaq

толстый / худой
oħxon / irqiq

сначала / в конце
l-ewwel / l-aħħar

друг / враг
ħabib / għadu

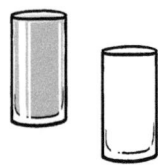

полный / пустой
mimli / vojt

твёрдый / мягкий
iebes / artab

тяжёлый / лёгкий
tqil / ħafif

голод / жажда
ġuħ / għatx

больной / здоровый
marid / b'saħħtu

незаконный / законный
illegali / legali

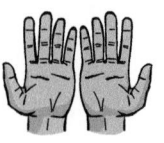

умный / глупый
intelliġenti / stupidu

слева / справа
xellug / lemin

близко / далеко
qrib / 'il bogħod

противоположности - opposti

новый / подержанный

ġdid / użat

ничто / нечто

xejn / xi ħaġa

старый / молодой

xiħ / żagħżugħ

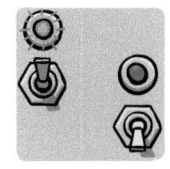

включено / выключено

mixgħul / mitfi

открыто / закрыто

miftuħ / magħluq

тихо / громко

kwiet / storbjuż

богатый / бедный

sinjur / fqir

правильный / неправильный

tajjeb / ħażin

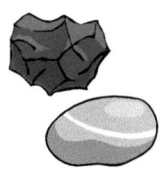

шероховатый / гладкий

aħrax / lixx

печальный / счастливый

imdejjaq / ferħan

короткий / длинный

qasir / twil

медленный / быстрый

bil-mod / għaġġieli

мокрый / сухой

imxarrab / niexef

тёплый / прохладный

sħun / frisk

война / мир

gwerra / paċi

противоположности - opposti

цифры
numri

0 ноль / żero

1 один / wieħed

2 два / tnejn

3 три / tlieta

4 четыре / erbgħa

5 пять / ħamsa

6 шесть / sitta

7 семь / sebgħa

8 восемь / tmienja

9 девять / disgħa

10 десять / għaxra

11 одиннадцать / ħdax

12 двенадцать
tnax

13 тринадцать
tlettax

14 четырнадцать
erbatax

15 пятнадцать
ħmistax

16 шестнадцать
sittax

17 семнадцать
sbatax

18 восемнадцать
tmintax

19 девятнадцать
dsatax

20 двадцать
għoxrin

100 сто
mija

1.000 тысяча
elf

1.000.000 миллион
miljun

ЯЗЫКИ
lingwi

английский

Ingliż

американский английский

Ingliż Amerikan

мандаринский китайский

Ċiniż Mandarin

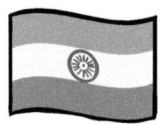

хинди

Ħindi

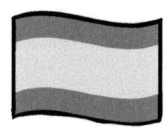

испанский

Spanjol

французский

Franċiż

арабский

Għarbi

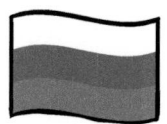

русский

Russu

португальский

Portugiż

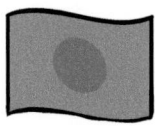

бенгальский

Bengali

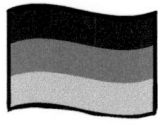

немецкий

Ġermaniż

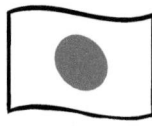

японский

Ġappuniż

кто / что / как
min / xiex / kif

я
Jien

ты
int

он / она / оно
hu / hi / -

мы
aħna

вы
intom

они
huma

кто?
min / xiex / kif

что?
xiex

как?
kif

где?
fejn

когда?
meta

имя
isem

где
fejn

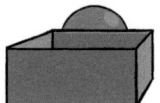

за

fuq wara

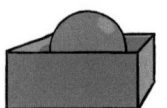

в

ġo

перед

fuq quddiem ta'

над

fuq

на

fuq

под

taħt

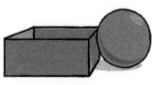

рядом

ma' ġenb

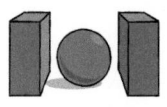

между

bejn

место

post